# DÉLIRONS AVEC Léon !

## DES TRUCS TOTALEMENT RENVERSANTS

NUMÉRO

### PAR
### ANNIE GROOVIE

D0872749

2

*Un merci
tout spécial à
Heidi Hollinger, et
à Mandy Trudeau*

# EN VEDETTE :

## LÉON › NOTRE SUPER HÉROS

*Le surdoué de la gaffe,*
*toujours aussi nono et aventurier.*

# LOLA ›

*La séduisante au grand cœur.*
*Son charme fou la rend irrésistible.*

Euh... J'suis rendue où exactement ?

# LE CHAT ›

*Fidèle ami félin plein d'esprit.*
*On ne peut rien lui cacher.*

Oh ! Oh !
Le sol approche un peu trop vite à mon goût...

# MES CHERS AMIS,

Quand j'avais votre âge — eh oui, j'ai déjà eu 10 ans, moi aussi —, j'avais des **AMIS**, une famille, un chat, bref tout pour être heureuse, mais je n'aimais pas vraiment l'*école*, comme certains d'entre vous, j'imagine…

J'étais très CURIEUSE et, je crois, plutôt intelligente. Mais les méthodes d'enseignement un peu trop sérieuses ne parvenaient pas à TITILLER mon intérêt. Je passais donc mes cours à griffonner dans mes cahiers et à me perdre dans mes pensées. Je peux vous dire que j'ai eu le temps de cultiver mon imaginaire et d'en trouver, des idées. À la pelle !

Plus tard, en y repensant, je me suis dit qu'il y aurait certainement pu y avoir une façon de nous enseigner les mêmes choses tout en nous stimulant un peu plus. C'est là que m'est venue l'IDÉE de créer des outils tout simples et AMUSANTS qui vous permettraient d'apprendre plein de trucs sur la vie, l'histoire, la géographie et sur un tas d'autres sujets pour éveiller votre *esprit* et vos sens.

J'espère que j'y suis arrivée, au moins un peu, et que mes livres vous donnent non seulement le goût de lire, mais aussi d'enrichir vos connaissances, d'être curieux et créatifs. En tout cas, moi, j'ai bien du plaisir en créant les *DÉLIRONS AVEC LÉON !* et j'apprends beaucoup de choses ! Ils me gardent l'esprit éveillé et, surtout, ils me rappellent ces belles années si précieuses qui ont fait de moi ce que je suis aujourd'hui, les années de mon enfance.

Amusez-vous bien !

Annie Groovie

Table des matières

**AH, LA VIE !**

Salut Léon !

Euh... non. On m'a volé ma crème glacée !

Tu as finalement décidé de te mettre en forme ?

Grrrr...

11

# ADIEU !

PAUSE PUB

**Nouvelle méthode amaigrissante riche en *fers* !**

# Faut le *fer* !

Telle que vue nulle part !

**Vous verrez, vous fondrez très rapidement, c'est garanti !**

Pour un essai gratuit, composez sans plus tarder le
**1 800 *OUCH ÇA BRÛLE* !**

# Le tour est joué!

**Voici de bonnes idées de tours à jouer à vos parents et à vos amis... car qui aime bien châtie bien, n'est-ce pas?**

**1.** Un facile pour commencer. Le soir ou très tôt le matin, avant que vos parents ne se lèvent, allez dans la cuisine avec un grand sac, en essayant de ne pas attirer l'attention. Ouvrez l'armoire où se trouve le café, prenez-le et cachez-le dans votre placard, par exemple. Puis, attendez le résultat, qui se produira à l'heure du premier café de la journée. Vous pensez que vos parents ne s'en rendront pas compte? Détrompez-vous...

**2.** Un tour simple, mais toujours efficace: videz le contenu du sucrier et remplacez-le par... du sel, évidemment! Assurez-vous cependant que personne n'a prévu de cuisiner une tarte ce jour-là: vous souffririez vous aussi...

**3.** Votre grand frère a la manie de placer tous ses disques en ordre alphabétique? Vous me voyez venir, non? Oui, il s'agit de changer tous les disques de boîtier. Long à préparer, mais effet garanti! Proposez quand même à votre frère de l'aider à tout remettre en place...

**4.** Pourquoi ne pas revenir quelques années en arrière, à l'époque où les gens devaient se lever pour changer le poste de radio ou de télé, ou pour réécouter en boucle leur chanson préférée? Si l'envie vous en prend, promenez-vous dans la maison et enlevez toutes les piles des télécommandes. Vous verrez à quel point nous sommes devenus accros à ces bidules qui nous évitent de marcher...

# ET SI ET SI ET SI...

**Bienvenue dans un monde où L'IMAGINATION est de mise...**

# ET SI... ON N'ENGRAISSAIT JAMAIS?

**Imaginez un instant ce que ça changerait...**

> Les balances seraient inutiles.

> Personne n'aurait à suivre de régime.

> Les légumes ne seraient pas tellement populaires.

> Il n'y aurait pas de salles de gym.

> On pourrait manger sans arrêt pendant des heures sans devoir déboutonner notre jean à la fin du repas.

> L'anorexie et la boulimie n'existeraient pas.

# ET SI... VOTRE VOISIN ÉTAIT UNE VEDETTE ?

> Il y aurait des paparazzis en permanence dans votre quartier.

> Vous pourriez être amis avec ses gardes du corps.

> Vous trouveriez sans doute des raisons invraisemblables pour frapper à sa porte, du style : « J'aurais besoin d'une tasse de sucre pour faire mon pâté chinois... »

> Les gens ne pourraient pas stationner facilement leur voiture devant chez vous, puisque la limousine du voisin prendrait toute la place.

> S'il était une vedette de rock, vous entendriez ses nouvelles chansons avant tout le monde, pendant qu'il les répéterait chez lui.

> Vous pourriez fouiller ses poubelles et vendre ses déchets pour vous faire de l'argent.

# ET SI... NOS CHEVEUX ÉTAIENT COMME LES DENTS ET NE REPOUSSAIENT QU'UNE SEULE FOIS AU COURS DE NOTRE VIE?

**Imaginez un instant ce que ça changerait...**

> Les cheveux longs seraient sans doute populaires, même chez les hommes.

> Les gens qui voudraient rester à la mode se couperaient les cheveux pour de bon et se mettraient à porter des perruques au gré des nouvelles tendances.

> Mettre de la gomme à mâcher dans les cheveux de quelqu'un serait probablement un crime puni par la loi.

> Il n'y aurait pas de cheveux blancs puisqu'ils doivent pousser pour perdre leur couleur.

> Les coiffeurs feraient autant d'études que les dentistes puisque les cheveux seraient aussi fragiles que les dents.

> Donner une mèche de cheveux à quelqu'un voudrait dire qu'on l'aime énormément.

> Les perruques seraient vraiment très populaires!

# Devinettes

Comment appelle-t-on une automobile en panne ?

Une auto immobile

Quel est l'opéra préféré des chirurgiens ?

L'opéra Tion

Quel est le jeu préféré des hommes ?

Les dames

Quel est le jeu préféré des perdants ?

Les échecs

Pourquoi les bûcherons sont-ils épuisés après une journée de travail ?

Parce qu'ils abattent beaucoup de boulot.

Quel est le mets préféré des photographes ?

Les lentilles

Pourquoi les Japonais dorment-ils mal ?

Parce qu'ils se font trop de sushis.

Quel est le passe-temps préféré des rappeurs ?

Le yo ! yo !

Pourquoi ne faut-il jamais croire les histoires que racontent les somnambules ?

Parce que ce sont des histoires à dormir debout...

# La vie «groovie» d' ♥ Annie

## SECRETS

En tournant cette page, vous entrerez dans un monde secret, mais attention, pas n'importe lequel, celui d'Annie Groovie!

# EXPÉRIENCE SCULPTURALE 101

Voici une délicieuse histoire, dans tous les sens du mot ! Ça s'est passé quand j'étais au cégep, où j'étudiais en arts plastiques. Je consacrais mon temps à réaliser les nombreuses œuvres d'art qu'on nous demandait dans les différents cours de dessin, de peinture et... de sculpture. Je n'étais pas particulièrement habile en sculpture, mais j'aimais assez la matière pour m'y intéresser et pour vouloir toujours m'améliorer.

Un jour, justement pendant ce cours de sculpture, une idée géniale m'est venue. Pourquoi ne pas créer une œuvre éphémère, une œuvre qui ne durerait que quelques minutes, puis qui disparaîtrait ? Une espèce de «happening», auquel seuls les gens présents à ce moment pourraient assister ? Ils verraient à la fois le dévoilement de ma création et sa destruction ! J'adorais mon idée ! Mais comment la mettre à exécution ? Dans quel matériau pourrais-je la réaliser ? En deux temps, trois mouvements, j'avais résolu le problème : il fallait que je la fabrique avec de la nourriture! Bon. Facile à dire, mais quels aliments utiliser? Du fromage? Non, ça pue trop. Du chocolat? Non, j'en aurais plein sur les doigts et il n'en resterait plus pour la sculpture... Des pommes, des poires, des ananas? Non: les fruits, ça fait du jus! Et pourquoi pas... des biscuits! Ça a du corps, ça ne tache pas les doigts, c'est facile à trouver et ça ne reste pas sur place trop longtemps: tout le monde veut les manger! Autre problème: comment les faire tenir? Une structure faite de tiges en métal, peut-être? Oui, ça m'allait bien, cette idée! J'ai aussi décidé que, pour rendre le tout encore plus authentique, j'allais cuisiner moi-même les biscuits.

Le lendemain matin, quand je suis entrée dans le local du cours de sculpture, chaque étudiant avait devant lui une œuvre person-nelle pas mal avancée. Moi, je n'avais rien du tout puisque je n'avais pas pu commencer quoi que ce soit avant. De toute façon, c'était un classique: être à la dernière minute, c'est tout à fait moi ! Mais comme nous avions encore toute la période du cours pour travailler, c'est-à-dire trois longues heures, je me suis dit que j'y arriverais sans problème.

Misère! En insérant les biscuits sur les tiges, je me suis rendu compte qu'ils étaient beaucoup trop mous: il ne tenaient pas! Que faire? Je n'avais pas pensé à ce détail! Il était trop tard, je devais me débrouiller avec ce que j'avais: des biscuits au centre trop mou et quelques tiges en métal.

Évidemment, tous les autres avaient bien hâte de voir ma fameuse sculpture complétée. Je devais trouver une solution, et vite! L'heure avançait, mais moi, je n'avançais pas du tout... Puis, de peine et de misère, ne me demandez pas comment, j'ai réussi à tout faire tenir en une sculpture que j'ai intitulée Mangeable.

Quand mon tour d'expliquer mon « œuvre d'art » est venu, avant même que j'aie pu préciser ma démarche artistique... ma sculpture gisait déjà sur la table, en mille morceaux! Découragée, j'ai lancé à mes camarades de classe: « C'était une sculpture mangeable, servez-vous! » Et devinez quoi? Même si ma création n'a pas tenu le coup très longtemps, elle a obtenu un franc succès. Je m'en suis donc sortie avec une excellente note pour l'originalité, mais une moins bonne pour l'exécution... Que voulez-vous, j'avais au moins poussé l'idée jusqu'au bout!

FIN

# AH, LE MÉNAGE !

Salut !

Wow ! C'est propre chez vous !

Merci.

Ça paraît que tu as déjà suivi des cours de *balai* !

Quoi ? Qu'est-ce que j'ai dit encore...

35

# Devine c'est quoi !

**A**
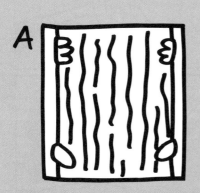

**B**
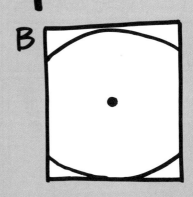

**C**

**D**

Solutions à la page 86

# Énigme

Un homme entre dans un restaurant et commande un poulet pané. Le serveur lui sert plutôt un œuf. Pourquoi ?

Réponse à la page 86

# Soyez convaincants !

Vous arrive-t-il d'être à court d'arguments quand vous voulez convaincre des adultes de quelque chose? Si oui, lisez ce qui suit, ça vous donnera peut-être de bonnes idées pour la prochaine fois!

### Situation n° 1 : *vous voulez aller dormir chez un ami*

Évidemment, nos parents ont tout le temps de bonnes raisons pour nous garder bien au chaud dans notre propre lit. Pas de panique: vous pouvez jouer la carte de la gentillesse en leur offrant de passer une soirée tranquille en tête-à-tête: «Mais si je ne suis pas là, vous serez seuls ensemble pour toute la soirée! Vous pourrez faire tout ce que vous voudrez, je ne serai pas dans vos pattes!»

### Situation n° 2 : *vous voulez avoir de l'argent de poche*

Vos parents ne sont pas chauds à l'idée de vous en donner parce que, selon eux, «avant d'avoir de l'argent, il faut savoir ce que ça vaut!» Prouvez-leur votre bonne volonté en leur proposant d'assumer quelques tâches supplémentaires dans la maison, en plus de celles que vous faites habituellement. Allez, ne faites pas cette tête! Laver la salle de bain ou faire la vaisselle n'a jamais tué personne...

### Situation n° 3 : *vous passez devant LE t-shirt qu'il vous manque, celui qu'il vous faut absolument pour compléter votre garde-robe*

Rappelez-vous c'était quand, la dernière fois qu'on vous a acheté des vêtements; si ça date d'assez longtemps, vous pouvez jouer là-dessus... Sinon, cherchez s'il y a quelque chose à fêter (un bon bulletin, un but compté pendant votre dernier match de soccer, le début des vacances, la rentrée des classes, etc.) et dites que ce serait une bonne façon de le souligner... C'est vraiment pratique d'avoir de bons bulletins: c'est toujours un argument puissant, et on peut s'en servir à plusieurs reprises durant l'année!

QUE FAIRE
DE VOS 10 DOIGTS
À PART VOUS
DÉCROTTER
LES OREILLES...

# IMPRESSIONNEZ VOS AMIS AVEC UN TOUR DE MAGIE !

VOUS AUREZ BESOIN DE VOS DEUX MAINS ET DE QUELQUES CRAYONS DE COULEUR...

**A**

Commencez en présentant les crayons à votre public.
* Choisissez des crayons de bois, de couleurs différentes.

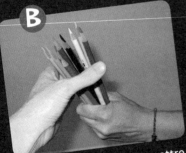

**B**

Vous devez ensuite les remettre à une personne afin qu'elle en choisisse un, sans vous dire lequel, évidemment !

**C**

Puis, tournez le dos à votre public, tendez une main et demandez à la personne qui a sélectionné le crayon de vous le remettre, toujours sans vous révéler sa couleur.

46

Tout en prenant le crayon, sans le regarder, retournez-vous face à votre public. Pendant ce temps, avec vos deux mains derrière le dos, faites une petite marque de crayon sous l'ongle d'un de vos doigts. Dites à votre public que vous êtes en train de vous concentrer...

C'est cette petite marque sous l'ongle de votre doigt qui vous permettra de deviner la couleur du crayon. Faites-la assez foncée pour que vous puissiez bien la voir ensuite...

Puis, afin de ne pas dévoiler votre truc, vous devez jouer la comédie en mettant à l'œuvre vos plus grands talents d'acteur...

Il s'agit de faire semblant de réfléchir tout en regardant subtilement sous votre ongle pour savoir de quelle couleur est la marque... Cette étape est déterminante. Vous ne devez pas manquer votre coup, sinon tout le monde découvrira le truc !

Attention : ne montrez pas votre doigt taché ! Tout un défi !

47

Après avoir fait semblant de jouer au mentaliste, vous devriez normalement connaître la couleur du mystérieux crayon. Vous n'avez plus qu'à la dévoiler !

## « C'est le crayon vert ! »

Eh oui, évidemment que c'est le crayon vert ! Votre public en restera bouche bée.

**Petit conseil :**
Comme ce truc repose en grande partie sur votre talent de comédien, je vous suggère de le répéter quelques fois avant de le faire devant des spectateurs...

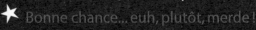 Bonne chance... euh, plutôt, merde !

# PAUSE
# PUB

La crème préférée des
« PEAUX LISSES ! »

FLIC

FLIC

# TEST : CONNAISSEZ-VOUS LES CONTES ?

**1. Comment Cendrillon arrive-t-elle au bal où elle va rencontrer le prince charmant ?**

a) Sur un balai volant, en compagnie de sa marraine fée

b) Dans un magnifique carrosse tiré par six superbes chevaux

c) Sur un tapis volant fait de tissu doré

d) Par la mer, sur un énorme et splendide bateau

**2. Dans le même conte, à quelle heure l'enchantement prend-il fin ?**

a) À midi

b) À 22 h 22

c) À 23 h 45

d) À minuit

**3. Comment la Belle au bois dormant plonge-t-elle dans un sommeil de 100 ans ?**

a) Elle croque dans une pomme empoisonnée.

b) Une vilaine fée l'hypnotise.

c) Elle se pique le doigt sur un fuseau.

d) Elle s'assomme en tombant dans un escalier.

**4. Qui vient sauver le Petit Chaperon rouge dans les plus anciennes versions du conte ?**

a) Un chasseur qui entend ses cris

b) Le grand-père qui revient à la maison

c) Personne : l'histoire se termine quand le loup mange la fillette.

d) Sa mère et un meunier du village, qui se doutaient de quelque chose

**5. Comment le Petit Poucet et ses frères se retrouvent-ils perdus dans la forêt ?**

a) Leurs parents les abandonnent dans les bois parce qu'ils ne peuvent plus les nourrir.

b) Ils vont à la chasse et suivent une biche qui les égare.

c) Ils font la course tous ensemble, puis constatent qu'ils ne savent plus où ils sont.

d) Le Petit Poucet trouve une piste de petits cailloux qu'ils suivent, pensant trouver un trésor.

**6. De quel matériau est faite la maison du troisième petit cochon, que le loup ne peut détruire en soufflant dessus ?**

a) En pierres des champs

b) En briques

c) En bois de cerisier, très résistant

d) En pain d'épices

**7. Qu'est-ce que la petite sirène offre à la sorcière pour que celle-ci change sa queue de poisson en jambes ?**

a) Elle lui fait cadeau de sa chevelure.

b) Elle lui amène l'une de ses sœurs aînées.

c) Elle lui remet la clé du coffre au trésor du roi des mers, son père.

d) Elle lui donne sa voix.

**8. Que veut la sorcière qui accueille Hansel et Gretel ?**

a) Leur faire goûter sa maison en pain d'épices

b) Qu'ils l'aident à retrouver une princesse

c) Les engraisser pour ensuite les manger

d) Couper leurs cheveux et les utiliser pour fabriquer une poupée magique à la fille de sa sœur

### 9. Quelle est la formule qu'on doit prononcer pour ouvrir la caverne d'Ali Baba ?

a) « Sésame, ouvre-toi ! »
b) « Abracadabra ! »
c) « Que le grand Cric me croque ! »
d) « In nomine padre, abre ti ! »

### 10. Qu'arrivait-il systématiquement aux différentes épouses de Barbe-Bleue ?

a) Elles le quittaient à cause de sa mauvaise hygiène.
b) Elles mouraient des suites d'une maladie causée par sa barbe bleue.
c) Il les tuait et suspendait leur cadavre dans une pièce de son château.
d) Elles étaient enlevées par des hommes jaloux de sa fortune.

Réponses à la page 86

# RÉSULTATS DU TEST

**Entre 12 et 15 bonnes réponses :**
Excellent ! Quelle culture ! Vos parents vous ont sûrement lu tous ces contes quand vous étiez petits... Quand même : quelle bonne mémoire !

**Entre 9 et 12 bonnes réponses :**
Bravo ! Vous gagneriez à relire les contes que vous connaissez moins bien ; vous vous rendrez compte de leur utilité... Qui sait quand un grand méchant loup passera près de chez vous ?

**Entre 6 et 9 bonnes réponses :**
Pas mal. Mais un petit arrêt à la bibliothèque pour emprunter un recueil de contes ne serait pas de trop...

**Moins de 6 bonnes réponses :**
Vous ne savez pas qui est le Chaperon rouge, n'est-ce pas ? Eh bien, peut-être venez-vous d'une autre planète, comme Léon... On ne peut pas tout connaître.

# Le Métier Super Cool

## Photographe portraitiste

La célèbre photographe devant la place Rouge, à Moscou

### Heidi Hollinger

*Heidi Hollinger est l'une des photographes les plus demandées à Montréal. Des gens comme Véronique Cloutier, Guy A. Lepage, Jean Charest et même des politiciens de la scène internationale font appel à ses services! Après sept années passées en Russie, où elle publie cinq livres qui remportent un franc succès, elle est de retour à Montréal, où elle exerce son métier dans un tout nouveau studio. Cette mère de famille passionnée par son travail nous parle de la magie de son art : réaliser, en un instant, un portrait unique.*

### • EN QUOI CONSISTE SON MÉTIER ?

*Sa vie est tellement excitante qu'elle a du mal à voir son travail comme une profession ! Elle se qualifie de « chasseuse d'âmes ». Elle cherche à révéler la personnalité des gens dans les portraits qu'elle en fait. Il existe différents types de photographes : il y a des photojournalistes qui couvrent des évènements marquants de l'actualité, des paysagistes qui immortalisent sur pellicule les merveilles de la nature, les photographes animaliers qui se spécialisent dans les clichés d'animaux, etc. Heidi, elle, aime photographier les gens ! Elle ne s'intéresse pas seulement aux célébrités, mais à toutes sortes de personnes. Fascinée par la politique, elle adore faire des portraits de dirigeants. Son travail lui permet de conjuguer ses intérêts et ses passions.*

### • QUEL EST LE PREMIER PORTRAIT QU'ELLE A FAIT ?

À 12 ans, elle reçoit sa première caméra et s'en sert pour photographier... son chien ! À la même époque, les services de développement en une heure font leur apparition. Là, elle a un coup de foudre : cette invention géniale lui évite de devoir attendre une semaine avant de voir ses clichés. Elle est fascinée par l'idée de capter en images un moment spécial. Un an plus tard, elle s'inscrit à des cours de photographie à son école secondaire. Elle y apprend comment développer ses photos elle-même, dans une chambre noire*, et sa passion ne fait que grandir.

### • À QUEL MOMENT A-T-ELLE DÉCIDÉ DE DEVENIR PHOTOGRAPHE ?

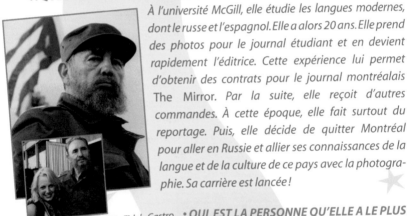

À l'université McGill, elle étudie les langues modernes, dont le russe et l'espagnol. Elle a alors 20 ans. Elle prend des photos pour le journal étudiant et en devient rapidement l'éditrice. Cette expérience lui permet d'obtenir des contrats pour le journal montréalais The Mirror. Par la suite, elle reçoit d'autres commandes. À cette époque, elle fait surtout du reportage. Puis, elle décide de quitter Montréal pour aller en Russie et allier ses connaissances de la langue et de la culture de ce pays avec la photographie. Sa carrière est lancée !

Heidi a photographié Fidel Castro lorsqu'elle a suivi l'ancien premier ministre du Canada Jean Chrétien au cours d'une visite officielle à Cuba.

### • QUI EST LA PERSONNE QU'ELLE A LE PLUS AIMÉ PHOTOGRAPHIER ?

Fidel Castro, le dirigeant actuel de l'île de Cuba. Pour elle, c'est une légende vivante. Une autre séance de photos mémorable est celle qu'elle a faite avec Anthony Kiedis, le chanteur de Red Hot Chili Peppers, sur la place Rouge, à Moscou. Heidi aime les personnalités qui ont du charisme. Ainsi, elle a adoré photographier Mikhaïl Gorbatchev, homme politique important de l'ancienne U.R.S.S., et le dalaï-lama, chef spirituel du bouddhisme.

Anthony Kiedis, chanteur du groupe de musique Red Hot Chili Peppers

## • QU'EST-CE QU'ELLE TROUVE LE PLUS COOL DANS SON MÉTIER ?

*Rencontrer de nouvelles personnes et effectuer tout le travail en studio. Elle adore entendre les histoires que les gens ont à raconter et apprend beaucoup de ceux qu'elle photographie. Elle doit prendre le temps de leur parler, de les connaître, de savoir d'où ils viennent et ce qu'ils aiment. De cette manière, elle arrive à faire de meilleures photos. Elle fait tout son possible pour mettre ces personnes à l'aise parce qu'il n'y a rien de naturel à poser devant une lentille de caméra !*

## • QU'EST-CE QU'ELLE TROUVE LE MOINS COOL ?

*Toute la portion administrative de son métier, qui comprend beaucoup de travail de bureau. Lorsqu'on œuvre en tant que photographe, on doit gérer son entreprise. Il faut d'abord travailler fort pour se bâtir une clientèle. Ensuite, si on n'a pas son propre studio, il faut en louer un et organiser tout le nécessaire pour les séances de photos. Cela implique la location d'un local, de lampes et du reste du matériel requis, ainsi que l'embauche d'une maquilleuse. On doit aussi dénicher les vêtements que les gens porteront, etc. Il y a beaucoup de boulot à abattre avant d'arriver au moment magique du shooting ! Et ce n'est pas terminé : il faut faire le tri parmi des centaines de photos pour ne retenir que les meilleures. Puis, on doit faire les retouches numériques nécessaires, imprimer et envoyer les clichés au client, et s'occuper de la facturation. Par la suite, il faut faire des suivis régulièrement auprès des gens à qui on a offert ses services. En gros, prendre des photos correspond à 20 % du travail !*

## • QUELLES SONT LES QUALITÉS NÉCESSAIRES POUR DEVENIR UN PHOTOGRAPHE RECONNU ?

*Une des clés importantes, c'est d'avoir de la personnalité et d'être fonceur. On pense souvent que les photographes*

Mikhaïl Gorbatchev a écrit la préface du livre The Russians Emerge, de Heidi Hollinger. Cet ouvrage est rempli de portraits de gens célèbres et de citoyens russes que la photographe a réalisés durant son séjour en Russie.

*sont des gens timides qui se cachent derrière leur caméra. Bien au contraire, pour réussir, il faut oser ! On doit aborder les gens et leur demander si on peut* les photographier. Heidi conseille de ne pas avoir peur de demander à rencontrer quelqu'un si on veut faire son portrait, même s'il s'agit d'une célébrité. Au pire, la personne dira non! Il faut aussi avoir une attitude très professionnelle, être toujours courtois, et surtout, travailler très, très fort. C'est difficile de percer et ça demande énormément d'efforts. Enfin, on doit être organisé, avoir le sens des affaires et connaître la comptabilité pour bien gérer son entreprise. Il y a donc beaucoup de choses à prendre en considération!

### • COMMENT FAIT-ON POUR DEVENIR PHOTOGRAPHE ?

On s'exerce! Ce qui est bien avec cet art, c'est qu'on peut l'apprendre par soi-même ou demander à quelqu'un qu'il nous montre ce qu'il sait. C'est comme ça qu'on acquiert des connaissances pratiques. Il y a aussi plusieurs écoles qui donnent des formations, tant au niveau professionnel qu'au collégial ou à l'université. De plus, certains ateliers sont offerts dans des écoles et dans des centres communautaires, et des ateliers spécialisés sont organisés partout dans le monde pour les gens qui souhaitent parfaire leurs connaissances. Heidi en suit encore chaque année à New York!

Le dalaï-lama, chef spirituel du bouddhisme, et Heidi

### • SON RÊVE ?

Elle aimerait photographier Nelson Mandela, Nicolas Sarkozy, Hugo Chavez et le dalaï-lama à nouveau!

Pour en savoir plus sur l'artiste et ses œuvres : **www.heidihollinger.com**

* Chambre noire : pièce dans laquelle on développe des photos

TERRAIN
DE JEUX

SOLUTIONS À LA PAGE 86

# Photos croisées

Nous utilisons souvent des anglicismes ou des noms de marques pour désigner ces objets. Connaissez-vous leur nom en français correct ?

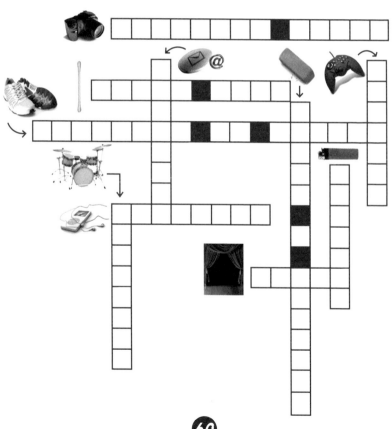

# C'est quoi, ça ?

Des objets ont été photographiés de très près, ce qui fait qu'ils sont plutôt difficiles à identifier. Mais vous connaissez très bien toutes ces choses, alors, pouvez-vous les nommer ?

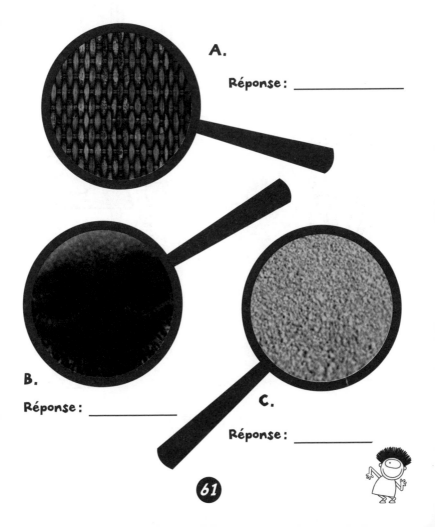

A.

Réponse : _____

B.

Réponse : _____

C.

Réponse : _____

61

# Les 25 erreurs

## LA CHAMBRE D'UN FAN DE LÉON EST EN DÉSORDRE !

# BURP !

LÉON A MAL AU VENTRE. IL PENSE QUE LE MAHI-MAHI ÉTAIT DE TROP À SON MENU ! POUVEZ-VOUS LE RETROUVER DANS SON ESTOMAC ?

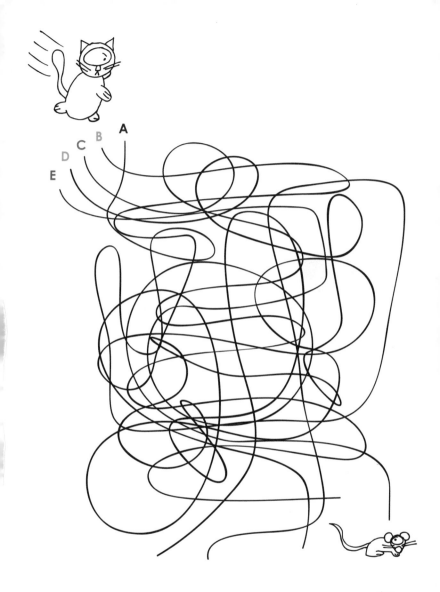

A
B
C
D
E

# ASSOCIEZ CHAQUE DEVISE AU PAYS OÙ ON L'UTILISE

f) DOLLAR AUSTRALIEN

a) Euro

e) Peso

b) YEN

c) DOLLAR CANADIEN

d) DOLLAR AMÉRICAIN

1.
2.
3.
4.
5.
6.

a) __ b) __ c) __ d) __ e) __ f) __

66

# TROUVEZ LA PAIRE

# AYEZ L'AIR INTELLIGENTS

## en connaissant l'origine des symboles !

Parce que nous vivons dans un monde rempli d'images, nous avons tendance à oublier ce qui se cache derrière certains **symboles** bien connus…

C'est comme le symbole du yin et du yang…

Le quoi ?

# Peace & Love

**Vous connaissez probablement la signification de ces mots en français, mais savez-vous en quelle année et pourquoi ce symbole est apparu ?**

Peace & Love, amour et paix ! C'est ce que réclamaient les gens qui protestaient contre la guerre du Vietnam en 1960. Ils avaient adopté ce **symbole**. À l'époque, on les appelait « hippies », alors qu'aujourd'hui, quand on parle de personnes dont le style évoque celui des hippies, on dit que ce sont des « Peace & Love » !

# Le recyclage

**Nous voyons ce symbole partout, mais qu'est-ce qu'il veut dire exactement ?**

Ce **symbole** s'appelle le ruban de Möbius. Il s'agit d'un logo qu'on utilise partout dans le monde depuis 1970. Il indique qu'un matériau est recyclable ou qu'il a été fabriqué à partir de matières recyclées. Les flèches qui reviennent les unes vers les autres illustrent le cycle infini de la vie !

# Le yin-yang

**Vous prononcez le mot comme il faut, mais savez-vous ce que représente ce symbole chinois ?**

Le cercle unit en son centre deux forces opposées. Le yin, partie sombre, est associé à la féminité et à la nuit. Le yang, partie claire, est lié à la virilité et au jour. On ne peut les séparer. Ils **symbolisent** la vie et la dépendance réciproque des éléments.

**Pourquoi avons-nous choisi une flèche pour symboliser l'homme, et une croix, pour la femme?**

♂

## L'homme

Il est désigné par une flèche tracée au-dessus d'un cercle. Cette figure représente la lance et le bouclier du dieu romain Mars. Elle est aussi le **symbole** de la planète du même nom ainsi que du dieu grec Arès. Enfin, elle désigne le fer en alchimie.

♀

## La femme

Elle est représentée par un cercle au-dessus d'une croix. En biologie, ce **symbole** désigne le genre féminin. Il est aussi associé aux déesses Vénus (dans la mythologie romaine) et Aphrodite (dans la mythologie grecque), à la planète Vénus et au cuivre, en alchimie.

☺

## Le smiley

**Eh oui, vous connaissez bien cet «émoticône» souriant que vous vous envoyez par courriel et par MSN! D'où vient sa tête sympathique?**

Elle a été inventée par un certain Harvey Ball en 1963. Le bouton jaune qui sourit a d'abord été le logo d'une compagnie d'assurances américaine. Puis, au cours des années 1970, l'image a été reprise et imprimée sur des t-shirts et sur divers autocollants. On comptait alors près de 50 millions d'émoticônes aux États-Unis! Enfin, en 1981, Scott E. Falhman a eu l'idée d'insérer cet idéogramme dans les phrases de ses textes afin qu'on comprenne mieux ses intentions.

# CODE SECRET

TROUVEZ LE CODE SECRET ET VOUS POURREZ ACCÉDER AU JEU 9 SUR LE SITE WWW.CYBERLEON.CA

Si ça ne fonctionne pas, malheureusement, vous devrez trouver par vous-mêmes où vous auriez pu faire une erreur, car on ne vous donne pas la solution...

L'alphabet dactylologique est en fait l'alphabet utilisé dans les langues des signes, par les sourds et muets.

Concentrez-vous bien, inscrivez chaque lettre qui correspond au bon signe et vous découvrirez le code secret. Il y a plusieurs signes qui se ressemblent. Vous devez donc être attentifs. Bonne chance!

* Entrez tous les caractères les uns à la suite des autres sans mettre d'accents, de signes de ponctuation ou d'espaces entre les mots.

# Code
# secret

Il ne vous reste plus qu'à entrer
ce code secret sur le site
WWW.CYBERLEON.CA dans les sections
« Bonbons » et « Jeux ».

81

Annie Groovie voit le jour le 11 avril 1970, à 19 h 15, en plein souper de cabane à sucre. Elle grandit heureuse et comblée à Québec. Très tôt, elle développe un goût profond pour la création (et pour les sucreries...). Dès l'âge de huit ans, elle remporte son premier concours de dessin, grâce à son originalité.

Annie est diplômée en arts plastiques et bachelière en communications graphiques. Elle exerce le métier de conceptrice publicitaire depuis plusieurs années à Montréal, où elle habite depuis 1994 (eh oui, elle vieillit...).

Annie est une grande adepte de la gymnastique ainsi qu'une mordue de cirque et d'acrobaties de toutes sortes. En 1997, elle est sélectionnée par le Cirque du monde et part trois mois au Chili pour enseigner les arts du cirque aux enfants de la rue.

En 2003, Annie Groovie se découvre une toute nouvelle passion : la création de livres pour enfants. Aujourd'hui, les albums consacrés à son personnage de Léon « roulent » à merveille. Elle a un projet de dessins animés en production, et vous tenez présentement le neuvième numéro d'une série de livres tout à fait délirants !

# ANNIE GROOVIE
## À VOTRE ÉCOLE

EH OUI, ANNIE GROOVIE FAIT DES TOURNÉES DANS LES ÉCOLES !
VOUS TROUVEREZ TOUTE L'INFORMATION SUR LE SITE INTERNET
WWW.CYBERLEON.CA.

À BIENTÔT PEUT-ÊTRE !

83

# LÉON A MAINTENANT

**1**

Léon et les expressions

Léon et les superstitions

## RIGOLONS AVEC LÉON !

Léon et les bonnes manières

Léon et l'environnement

## DÉLIRONS AVEC LÉON !

# SOLUTIONS

P. 67

B et C

P. 66

a) 4
b) 5
c) 1
d) 2
e) 3
f) 6

P. 67

A) PANIER
B) MUSEAU DE CHIEN
C) LITIÈRE

P. 60

Q-Tip : Coton-tige
Lighter : Briquet
Eraser : Gomme à effacer
Drum : Batterie
Stage : Scène
Walkman : Baladeur
Runnings : Souliers de course
Joystick : Manette
Mail : Courriel
Kodak : Appareil photo

P. 42

A) Léon qui essaie de grimper à un arbre
B) L'œil de Léon en très gros plan
C) Léon et Lola assis sur un divan, regardant un film
D) Le bras de Léon qui s'étire pour cueillir une pomme

P. 65

Chemin E

P. 64

C

P. 62 P. 63

P. 43

Parce que le serveur a compris un « poulet pas né » !

P. 51 À 53

1. b 2. d 3. c 4. c (Le chasseur est apparu plus tard parce que les parents trouvaient la version originale trop effrayante.) 5. a 6. b 7. b 8. c 9. a 10. c

86

Les éditions de la courte échelle inc.
5243, boul. Saint-Laurent
Montréal (Québec) H2T 1S4
www.courteechelle.com

Conception, direction artistique et illustrations : Annie Groovie
Coordination : Amélie Couture-Telmosse
Collaboration au contenu : Amélie Couture-Telmosse et Philippe Daigle
Collaboration au design et aux illustrations : Émilie Beaudoin
Révision : André Lambert et Valérie Quintal
Infographie : Nathalie Thomas
Muse : Franck Blaess

Une idée originale d'Annie Groovie

Dépôt légal, 2e trimestre 2007
Bibliothèque nationale du Québec

La courte échelle reconnaît l'aide financière du gouvernement du Canada par l'entremise du
Programme d'aide au développement de l'industrie de l'édition pour ses activités d'édition.
La courte échelle est aussi inscrite au programme de subvention globale du Conseil des Arts
du Canada et reçoit l'appui du gouvernement du Québec par l'intermédiaire de la SODEC.

La courte échelle bénéficie également du Programme de crédit d'impôt pour l'édition
de livres — Gestion SODEC — du gouvernement du Québec.

**Catalogage avant publication de Bibliothèque et Archives nationales du Québec et
Bibliothèque et Archives Canada**

Groovie, Annie

      Délirons avec Léon!

      Pour enfants de 8 ans et plus.
      Sommaire : no 9. Des trucs totalement renversants

      ISBN 978-2-89651-034-4

1. Jeux intellectuels - Ouvrages pour la jeunesse. 2. Jeux-devinettes - Ouvrages pour la jeunesse.
3. Devinettes et énigmes - Ouvrages pour la jeunesse. I. Titre.

GV1493.G76 2007      j793.73      C2006-942113-7

Imprimé en Malaisie